www.tredition.de

AF186103

Glückliche Beziehung

Wie Eltern ihre Partnerschaft pflegen und verbessern können

HANDBUCH

Herausgeber: © 2020 ElternLeben.de

Verlag & Druck: tredition GmbH, Halenreie 40-44, 22359 Hamburg

ISBN
Paperback: 978-3-347-03810-3

ÜBER ELTERNLEBEN.DE

ElternLeben.de ist ein digitales Angebot für alle Mütter und Väter. Die Online-Plattform begleitet Eltern in den verschiedenen Phasen von der Schwangerschaft bis zum Teenageralter ihrer Kinder. Sie bietet einen großen **Wissensbereich** („Elternwissen"), der Artikel, Tipps, Interviews, Videos und vieles mehr verfügbar macht. Diese Inhalte werden von Experten aus unterschiedlichen Fachrichtungen verfasst. Hier fließt Expertise und Erfahrungswissen zusammen. In der **Online-Beratung** werden Eltern zu allen Eltern-Themen von Fachleuten schnell und professionell beraten. Der Bereich **Angebote vor Ort** verbindet Eltern mit lokalen Angeboten (Kurse, Beratung etc.) ganz in ihrer Nähe. Eine **Community** und der Aufbau des Bereichs **Häufig gestellte Elternfragen** runden das Gesamtangebot der Plattform ab. **www.elternleben.de** ist ein digitales Angebot der gemeinnützigen wellcome gGmbH mit Hauptsitz in Hamburg. Der Erlös der Handbücher kommt ausnahmslos der gemeinnützigen Arbeit zugute.

ÜBER DIE AUTORIN

Dr. Martina Stotz ist auf ElternLeben.de Expertin rund um **schulische Probleme und familiäre Herausforderungen** und berät zu diesen Themen in unserer Online-Beratung. Darüber hinaus schreibt sie Inhalte für unseren **Wissensbereich** („Elternwissen"). Sie ist Doktorin der Familienpsychologie und Expertin bei allen Geschwister- sowie Partnerschaftsthemen. Im Bereich der Schulpsychologie berät sie bei ADHS/ADS, Schul- und Prüfungsangst, Konzentrations- und Motivationsproblemen, LRS und Verhaltensauffälligkeiten. Sie hält Erziehungskurse und Vorträge für Eltern sowie Fortbildungen für Pädagogen in München (Thema: „Achtsame Kommunikation mit Kindern"). Auf ihrem Blog „Mein Erziehungsratgeber", Instagram und YouTube berichtet sie zu ihren Herzensthemen und bietet telefonische Einzelberatung an Ihre Vision ist es, dass Familien und Pädagogen in unserer Gesellschaft mehr Unterstützung bekommen, damit Kinder gewaltfrei und emotional gesund heranwachsen können. „In jedem Konflikt steckt eine große Chance, sich positiv weiterzuentwickeln!"

INHALTSVERZEICHNIS

EINLEITUNG

Die Liebesbeziehung zwischen den Eltern ist für die kindliche Entwicklung sehr entscheidend, da sie in hohem Maß das Klima in der Familie beeinflusst.

Kinder brauchen Eltern, die sich gegenseitig respektieren, annehmen und wertschätzen. Die Paarbeziehung ist somit das Beziehungsvorbild Nummer eins für die Kinder und auch für die Geschwisterbeziehung. Im Sinne der sozial-kognitiven Lerntheorie übernehmen Kinder unterbewusst das Beziehungs- und Konfliktverhalten ihrer Eltern und übertragen es auf die Geschwisterbeziehung und andere Beziehungen in ihrem Leben.

Kinder beobachten ihre Eltern im Umgang miteinander und nehmen alle Stimmungen in der Familie durch ihr ausgeprägtes emotionales Gedächtnis direkt auf. Anhand der elterlichen Paarbeziehung lernen Kinder also, wie Konflikte gelöst werden und welche Bedürfnisse und Werte in der Familie wichtig sind.

Es lohnt sich deshalb, nicht nur für sich selbst und die Partnerschaft, sondern auch für die eigenen Kinder, eine in eine gesunde und stabile Paarbeziehung zu investieren.

Wenn Eltern dagegen Streitigkeiten offen und destruktiv austragen, löst das bei Kindern starke Schuldgefühle aus, die dauerhaft zu einem schlechten kindlichen Selbstbild führen. Kinder sind dann negativen Stimmungen hilflos ausgeliefert und leiden unter der unglücklichen Paarbeziehung der Eltern, sofern diese nicht lernen, Streitigkeiten friedvoll auszutragen.

Meinungsverschiedenheiten in der Partnerschaft sind vorprogrammiert, da sich beide Partner durch unterschiedliche Lebenserfahrungen ständig weiterentwickeln. Automatisch verändern sich deshalb Bedürfnisse, Wünsche und Wertevorstellungen im Laufe des Lebens. Streit entsteht also, wenn sich Bedürfnisse stark unterscheiden (z.B. das Bedürfnis nach Freiheit versus das Bedürfnis nach Zweisamkeit) oder wenn jeder das gleiche Bedürfnis hat und die Ressourcen knapp werden (z.B. Bedürfnis nach Freizeit in der Elternschaft).

Manchmal scheinen diese Konflikte unüberwindbar und der einzige Ausweg ist eine Trennung oder Scheidung. Viele Partnerschaften misslingen allerdings auch deswegen, weil sie sich viel zu spät ganz bewusst um die Pflege der Paarbeziehung gekümmert haben.

Dieses Handbuch soll Paaren klare Anregungen geben, wie ihre Paarbeziehung auch in der Elternschaft dauerhaft gesund und stabil bleiben kann. Gleichzeitig zeigt dieses Buch anhand klarer Beispiele, wie Eltern durch ihre Paarbeziehung ein wertvolles Beziehungsvorbild für ihre Kinder sein können.

Auf einen Blick: Warum ist es wichtig, in der Elternschaft die Paarbeziehung zu stärken?

- ✓ Die Partnerschaft der Eltern ist das wichtigste Beziehungsvorbild für Kinder.
- ✓ Kinder lernen am Modell der Paarbeziehung.
- ✓ Eine positive Streitkultur in der Partnerschaft wirkt sich auch positiv auf die Geschwisterbeziehung aus.
- ✓ Kinder fühlen sich schuldig, wenn Eltern Streitigkeiten destruktiv austragen.
- ✓ Kinder profitieren von einer liebevollen und respektvollen Paarbeziehung und Familienatmosphäre.

1. KAPITEL – GEFÜHLE, BEDÜRFNISSE UND WÜNSCHE KLAR KOMMUNIZIEREN

Würdest du dir auch wünschen, dass dein Partner dir jeden Wunsch von den Augen abliest und deine Gedanken, Gefühle und Bedürfnisse erkennen kann?

Dieser Wunsch ist nachvollziehbar, führt allerdings gleichzeitig zwangsläufig zu vielen Enttäuschungen in der Partnerschaft. Viele Konflikte entstehen daraus, dass Bedürfnisse erst im Nachhinein in Form eines Vorwurfs geäußert werden.

Wenn dir folgende oder ähnliche Sätze bekannt vorkommen, spielt dieses belastende Muster auch eine Rolle in deiner Partnerschaft:

- „Du weißt doch, dass ich das nicht mag!"
- „Das hättest du dir doch denken können!"
- „Wie oft muss ich dir das noch sagen?"
- „Das muss schon von dir allein kommen. Nicht nur, weil ich dich darum bitte."
- „War ja klar, dass du mich damit wieder alleine lässt."
- „Dann mache ich es lieber gleich alleine, wenn du eh keine Lust darauf hast."
- „Ist ja wohl klar, dass ich dann sauer bin."

Sicher gibt es Momente, in denen dein Partner weiß, was du fühlst und brauchst. Gleichzeitig ist er nicht immer in der Lage, dein Innenleben zu erfühlen. Für dein eigenes Wohlbefinden – und auch für eure Paarbeziehung – ist es deshalb enorm wichtig, vorwurfsfrei zu äußern, wie es dir geht und was dir fehlt.

Vielen Mamas und Papas fällt es schwer, klar zu äußern, was sie fühlen und brauchen. Sie haben Angst davor egoistisch zu sein oder zu viel vom Partner zu verlangen. Das kann allerdings langfristig zu innerem Unmut und zu passiver Aggression gegenüber dem Partner führen.

Kinder spüren diese Spannungen und unbefriedigten Bedürfnisse der Eltern. Sie empfinden deshalb Gefühle wie Schuld und Unsicherheit. Wenn Kinder dagegen sehen, dass Eltern sich gegenseitig Bedürfnisse erfüllen und diese gegenseitig respektieren, lernen Kinder an deren Vorbild.

Gefühle und Bedürfnisse offen zu äußern, ist eine große Herausforderung. Es gibt mehrere Gründe, warum es vielen Menschen in einer Paarbeziehung schwerfällt, Bedürfnisse klar zum Ausdruck zu bringen.

2. KAPITEL – WARUM ES SCHWERFÄLLT, GEFÜHLE UND BEDÜRFNISSE ZU ÄUßERN

Übung: Treffen folgende Fakten auf dich zu? Antworte mit Ja oder Nein

- Deine Mutter und/oder dein Vater haben dir nie vorgelebt, wie Bedürfnisse klar zum Ausdruck gebracht werden.

Ja	Nein

- Deinen Eltern fällt es auch heute noch schwer, klar zu äußern, was sie brauchen.

Ja	Nein

- Deine Mutter und/oder dein Vater machen dir gerne ein schlechtes Gewissen oder Schuldgefühle, wenn ihnen etwas an deinem Verhalten missfällt.

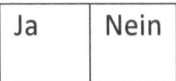

- Deine Mutter und/oder dein Vater haben dir beigebracht, dass deine Bedürfnisse nicht wichtig sind und erst die Bedürfnisse anderer Menschen erfüllt werden müssen.

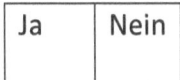

- Du hast gelernt, dass negative Gefühle wie Wut, Ärger und Aggression nicht in Ordnung sind.

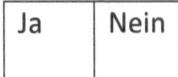

- Deine Eltern haben dich bei Wutausbrüchen oder anderen starken Gefühlen allein gelassen und dir dann wieder Aufmerksamkeit geschenkt, wenn du wieder brav warst.

Ja	Nein

Umso häufiger du mit „Ja!" geantwortet hast, umso schwerer fällt es dir heute, klar für dich einzustehen und deine Gefühle und Bedürfnisse zum Ausdruck zu bringen.

Vielleicht weißt du sogar oft erst hinterher oder auch gar nicht, was dir fehlt oder gefehlt hat und du überträgst deinen Frust ganz unbewusst auf deinen Partner.

ANLEITUNG ZUR BEDÜRFNISÄUßERUNG IN 3 SCHRITTEN:

Folgende Übung kann dir dabei helfen, schneller deine unerfüllten Bedürfnisse zu spüren:

Schritt 1: Lerne, deine Gefühle in „ICH BIN" – Botschaft zu benennen

Sobald du dich unwohl fühlst, ist das ein Zeichen dafür, dass du gerade etwas brauchst oder dir etwas fehlt. Deine unangenehmen Gefühle sind also wie ein Wegweiser zu deinen unerfüllten Bedürfnissen. Für dein Wohlbefinden ist es deshalb ganz wichtig, zu lernen Gefühle zu benennen. Meistens fühlst du mehrere negative Gefühle gleichzeitig oder es gibt ein vordergründiges Gefühl, das sehr stark ist, z.B. Wut.

Diese nachfolgende Gefühlsliste kann dir dabei helfen, deine Gefühle zu spüren und zu benennen.

ICH BIN ...

Gefühlsliste

- einsam
- erschöpft
- hilflos
- verzweifelt
- erschrocken
- müde
- überlastet
- traurig
- sauer
- wütend
- aggressiv
- überreizt
- genervt
- überfordert
- enttäuscht
- frustriert

Vermeide Sätze, die der anderen Person Schuld zuschreiben, wie z.B.:

- Du machst mich wütend.

- Das macht mich traurig.

- Du nervst mich.

- Du enttäuschst mich.

Es gibt 3 gute Gründe, warum es dir helfen wird, deine Gefühle auf diese Weise zum Ausdruck zu bringen:

1. Sobald du deinem Partner deine Gefühle in „ICH BIN" Botschaften sendest, übernimmst du die Verantwortung für dich und deine Gefühle. Dein Partner löst diese Gefühle zwar in dir aus, ist aber nicht schuld an deinen Gefühlen.

2. Du erzeugst Nähe zu deinem Partner, indem du ihn an deinen Gefühlen teilhaben lässt.

3. Du schaffst dir selbst Erleichterung, da negative Gefühle leichter werden, sobald du sie aussprichst und nicht wegdrückst.

Übe dich also darin, deine Gefühle zu erkennen und auszudrücken. Beginne damit, diese in Schritt 1 klar zum Ausdruck zu bringen. Auch Kinder lernen dann an eurem Vorbild eigene Gefühle wahrzunehmen und zu äußern. Sie entwickeln sogar erstmals einen Wortschatz zu Gefühlen und werden dadurch emotional kompetent. Wenn dein Partner dich tröstet oder Verständnis für deine Wut ausdrückt, werden Kinder das auch gegenüber anderen Menschen lernen. Darüber hinaus lernen Kinder mehr und mehr ihre eigenen Gefühle zu benennen und zu regulieren.

Schritt 2: Lerne, deine Bedürfnisse in „ICH BRAUCHE" -BOTSCHAFTEN zu benennen.

Zunächst hilft dir diese Bedürfnisliste vielleicht dabei, deine unerfüllten Bedürfnisse zu erkennen.

Bedürfnisliste

- Wertschätzung
- Anerkennung
- Interesse
- Geborgenheit
- Unterstützung
- Erholung
- Entspannung
- Zeit für dich
- Zeit zu zweit
- Verbundenheit
- Verständnis
- Annahme
- Leichtigkeit
- Ordnung

Sobald du deinem Partner also im ersten Schritt eine „ICH-BIN"
BOTSCHAFT gesendet hast, erzähle deinem Partner im zweiten
Schritt, was du brauchst oder was dir fehlt.

Beispiele:

- „Ich bin erschöpft und brauche dringend eine Pause."
- „Ich bin wütend, weil mir hier die Ordnung fehlt."
- „Ich bin total traurig und brauche deine Nähe."

Schritt 3: Stelle deinem Partner die „WÄRST DU BEREIT"- Frage

Bist du bereit, gerne etwas für Jemanden zu tun, wenn er etwas
streng oder vorwurfsvoll einfordert oder möchtest du gerne
frei entscheiden, was du tun möchtest?

Letzteres ist in Beziehungen der Fall, weshalb es ganz wichtig
ist, deinen Partner um Hilfe zu fragen anstatt diese lieblos ein-
zufordern.

Nachdem du also in Schritt 1 dein Gefühl und in Schritt 2 dein
Bedürfnis genannt hast, frage deinen Partner, ob er dich dabei
unterstützen würde, damit dein Bedürfnis auch erfüllt wird.

Drei Beispiele:

- „Ich bin erschöpft und brauche dringend eine Pause. Wärst du bereit heute noch mit den Kindern rauszugehen, damit ich mich kurz hinlegen kann?"

- „Ich bin wütend, weil mir hier die Ordnung fehlt. Meinst du wir könnten nachher gemeinsam Ordnung schaffen?"

- „Ich bin total traurig und brauche deine Nähe. Würdest du mich in den Arm nehmen?"

In der Regel möchte dein Partner zu deinem Wohlbefinden beitragen und wird dich dabei unterstützen, sofern er sich nicht dazu gedrängt oder gezwungen fühlt. Gleichzeitig wird es auch Momente geben, in denen dein Partner noch nicht oder gar nicht bereit ist und noch Zeit braucht.

Grundsätzlich geht es bei dieser Form der gewaltfreien Kommunikation darum, die Bedürfnisse des Partners gleichwertig anzuerkennen und sich gegenseitig zu unterstützen.

Manchmal bedeutet das auch, dass Kompromisse gefunden werden müssen, bei denen beide Partner auf etwas verzichten und gleichzeitig etwas von dem bekommen, was sie brauchen.

Deine Bedürfnisse und die Bedürfnisse deines Partners sind dabei gleichwertig. Das Ziel in einer Partnerschaft ist es deshalb, schnell Kompromisse zu finden, mit denen beide Partner zufrieden sind.

Zusammenfassend ist es also alles andere als sinnvoll, deine Vorstellungen, Bedürfnisse und Wünsche ständig zu unterdrücken oder hintenanzustellen. Genau so wenig ist es hilfreich, nur an dich selbst und deine Wünsche zu denken.

Die Bereitschaft die **Bedürfnisse deines Partners als gleichwertig anzuerkennen**, ist deshalb eine wichtige Voraussetzung für eine glückliche Paarbeziehung.

3. KAPITEL – KONSTRUKTIVES STREITEN

Gibt es Paare, die nicht streiten?

Die vorher beschriebene Form der Kommunikation ist die absolute Königsdisziplin in einer Beziehung – übrigens nicht nur in der Paarbeziehung.

Im stressigen Alltag mit Kindern lässt es sich allerdings nicht verhindern, dass es selbst in stabilen Partnerschaften immer wieder mal zu Streitigkeiten kommt.

Kennst du Paare, die dir erzählen, dass sie nie streiten? Das ist wirklich in den seltensten Fällen ein gutes Zeichen. Wenn Paare nicht streiten kann das an folgenden Gründen liegen:

- Ein Partner hat innerlich bereits mit der Beziehung abgeschlossen.

- Ein Partner fühlt sich abhängig vom anderen und traut sich aus Angst nicht, seine Meinung zu äußern.

- Beide Partner sind extrem harmoniebedürftig und neigen dazu ihre eigenen Bedürfnisse hintenanzustellen.

Sobald dir also wirklich etwas fehlt, oder deine innere Grenze überschritten wird, ist es bedeutend, dein Gefühl und Bedürfnis zu äußern und gleichzeitig zu betonen, was dir wichtig ist. Ansonsten richtest du deine Aggression gegen dich selbst oder bringst sie in Form von passiver Aggression zum Ausdruck, die sowohl deinen Partner als auch deine Kinder verunsichert.

Solltest du also häufig innerlich sehr aggressiv sein, stell dir die Frage, ob du dir vielleicht nicht erlaubst deine Wünsche auszusprechen.

Ist es in Ordnung vor den Kindern zu streiten?

Immer wieder wird Eltern erzählt, es sei nicht gut vor Kindern zu streiten. Definitiv sollte destruktiver Streit oder Gewalt vor Kindern unbedingt vermieden werden. Wenn Kinder allerdings mit sehr konfliktscheuen Eltern aufwachsen, lernen sie nicht, wie Streit in der Geschwisterbeziehung und auch in späteren anderen Beziehungen gelöst werden kann. Offene Konflikte gibt es dann häufig nur nicht, weil ein Elternteil seine Position bei Widerstand nicht weiter vertritt oder beide Elternteile ihre Wünsche verdrängen.

Wenn ein Elternteil in Konflikten nicht für sich einsteht, kann das sogar dazu führen, dass ein Kind sich berufen fühlt Streitigkeiten an Stelle des konfliktscheuen Partners auszutragen. Kinder halten dabei intuitiv zum konfliktscheueren und „schwächeren" Elternteil. In diese Lage dürfen Eltern ihre Kinder nicht bringen. Es lohnt sich also, Konflikte konstruktiv zu bewältigen und offen seine Meinung zu vertreten, auch wenn das manchmal kurzfristig zu schlechter Stimmung in der Familie und vor den Kindern führt.

Kinder sehen dann, dass ihre Eltern authentisch zu sich selbst stehen und ihre Grenzen und Werte haben. Am Vorbild ihrer Eltern lernen sie dadurch konstruktive Konfliktstrategien anzuwenden.

Empathie als Schlüssel für konstruktives Streiten

Der Partner, der einem so nahesteht, bekommt oft ungefiltert die Unzufriedenheit zu spüren, wenn man nicht bewusst in der Kommunikation gegensteuert. Vorwürfe, Kritik und Schuldzuweisungen gehören in vielen Partnerschaften zum Alltag. Das heißt nicht, dass ihr euch in der Partnerschaft immer einig sein müsst. Ihr dürft ganz klar darüber sprechen, wenn ihr wütend, genervt oder traurig seid. Die Frage ist nur, wie ihr dann gegenseitig mit diesen Gefühlen umgeht.

Um zu verhindern, dass Konflikte ausarten, ist das Zauberwort EMPATHIE. Das bedeutet, dich in deinen Partner einzufühlen.

Sollte dein Partner dich also in unangemessenem Ton belehren, dir einen Vorwurf machen oder dich anschreien, versuche innerlich „Stopp!" zu sagen, atme tief durch, trinke einen Schluck kaltes Wasser und versuche dich in deinen Partner hineinzuversetzen.

Das kannst du dich fragen:

- Was fehlt ihm gerade?
- Was braucht er gerade?
- Wie fühlt er sich gerade?

Auch wenn dir das im ersten Moment nicht gelingt, versuche es im Streit immer wieder. So kann es euch gelingen schnell zu einer konstruktiven Lösung zu kommen.

Das kannst du sagen: (Beschreibe wertfrei das Verhalten und spiegle!)

- Du schreist richtig. Du bist gerade richtig sauer. Brauchst du erst noch etwas Ruhe?

- Du bist genervt, oder? Was ist denn los?

- Was fehlt dir denn gerade? Du bist ja richtig wütend.

- Bist du erschöpft? Ich glaube du brauchst etwas Erholung.

- Bist du ungeduldig? Möchtest du, dass wir uns beeilen?

Durch diese Sätze spiegelst du deinem Partner sein Verhalten und hilfst ihm dabei, sich zu beruhigen. Gleichzeitig schenkst du ihm dadurch Empathie und zeigst ihm, dass du nicht gegen ihn bist. Wichtig ist jetzt auch klar zu äußern, was dir wichtig ist.

Im folgenden Kapitel erfährst du anhand von drei typischen Paarkonflikten, wie konstruktives Streiten aussehen kann und wie Kompromisse gefunden werden können.

4. KAPITEL – DREI BEISPIELE FÜR KONSTRUKTIVE KONFLIKTLÖSUNGEN

Konfliktsituation 1: Fehlende Ruhe und Zeit für sich in der Elternschaft

Partner A kommt schlecht gelaunt von der Arbeit. Partner B hat sich den gesamten Tag um die Kinder und den Haushalt gekümmert. Partner A möchte erst einmal seine Ruhe haben und Partner B wartet schon den ganzen Tag darauf, endlich von der Kinderbetreuung abgelöst zu werden. Partner A zieht sich allerdings erst einmal ins Schlafzimmer zurück, um zu lesen. Partner B macht Partner A einen Vorwurf, warum er sich nicht direkt um die Kinder kümmert.

Partner A: „Du bist sauer, weil du auch deine Ruhe brauchen würdest, oder?"

Partner B: „Ja genau, ich hatte heute nicht eine Sekunde für mich allein."

Partner A: „Verstehe, du möchtest Zeit für dich. Gleichzeitig hatte auch ich einen richtig anstrengenden Tag in der Arbeit. Es wurden zwei Kollegen gekündigt und ich bin immer noch total schockiert. Wärst du bereit, mir noch 20 Minuten zu geben, damit ich den Kopf frei kriege? Danach kümmere ich mich um die Kinder und das Abendessen?"

Partner B: „Ja, OK! Verständlich! Ruh dich aus und ich geh nachher spazieren, um den Kopf auszulüften. Ich brauche auch dringend etwas Zeit für mich."

Konfliktsituation 2: Fehlenden Unterstützung in der Kinderbetreuung

Partner A übernimmt hauptsächlich die Aufgaben der Kinderbetreuung und empfindet Partner B als zu wenig eigeninitiativ. Um Konflikte zu vermeiden, spricht Partner A dies nicht an oder macht unterschwellige Vorwürfe. Partner B fühlt sich noch unsicher in seiner Rolle als Elternteil, weil es bisher zu wenig Möglichkeiten gab zu üben. Er ist deshalb froh, dass Partner A trotzdem alles übernimmt, auch wenn er damit unzufrieden zu sein scheint. Die Situation explodiert, als Partner B nachts wieder nicht eigeninitiativ aufsteht, um das Baby zu beruhigen. Partner A rastet aus und beschimpft Partner B.

Partner A: „Kannst du mich vielleicht einmal einfach so unterstützen und von selbst aufstehen!"

Partner B: „Du schreist richtig. Du brauchst meine Unterstützung und bist deswegen so sauer."

Partner A: „Ich bin stinkesauer und fühle mich alleine mit allem. Kannst du nicht einmal von dir aus Sachen machen?"

Partner B: „Du fühlst dich also allein gelassen von mir, oder? Gleichzeitig bin einfach noch überfordert mit den Aufgaben und brauche deine Hilfe und dein Vertrauen, damit ich hineinwachsen kann. Ich will einfach nichts falsch machen und glaube, dass du das Baby besser beruhigen kannst.

Partner A: „Du hast Angst, etwas falsch zu machen. Das wusste ich gar nicht. OK, ich helfe dir gerne dabei mehr Sicherheit zu gewinnen."

Partner B: „Was hältst du davon, wenn wir morgen festlegen, welche konkreten Aufgaben ich in Zukunft übernehmen kann? Ich will mich nicht davor drücken. Bisher habe ich es mir nur noch nicht zugetraut.

Partner A: „Gut so machen wir das. Zurzeit bin ich so oft einfach nur erschöpft und fühle mich deshalb sehr schnell angegriffen. Wärst du bereit mich zu unterstützen, wenn es mir mal wieder schwer fällt gelassen zu reagieren? Ich brauchte dann nur kurz dein Verständnis und so etwas wie: „Oh je, gerade bist du ganz erschöpft. Du bist heute gar nicht zur Ruhe gekommen. Sowas Doofes."

Partner B: Achso, du brauchst auch mehr mein Verständnis. Das werde ich versuchen."

Konflikt 3: Unterschiedliche Erziehungsvorstellungen

Partner A setzt aus Sicht von Partner B zu wenig klare Grenzen. Partner A findet, dass Partner B viel zu hart mit den Kindern umgeht. Das Kind wütet und Partner B möchte es auf sein Zimmer schicken, bis es sich beruhigt hat.

Partner A: „Du bist genervt von der Wut deines Kindes. Du durftest selbst nie wütend sein als Kind, oder? Gleichzeitig ist mir wichtig, dass unsere Kinder lernen, dass alle Gefühle in Ordnung sind.

Partner B: „Du setzt ja nie eine Grenze. Dir tanzt sie auch auf der Nase rum."

Partner A: „Du brauchst mehr Klarheit und klarere Grenzen. Ich brauche mehr Verbundenheit und Empathie für unser Kind. Ich sehe, dass ich manchmal zu nachlässig bin."

Partner B: „Ja, ich bin dann ganz alleine beim Grenzen setzen und brauche deine Unterstützung."

Partner A: „Was hältst du von folgender Lösung. Ich achte darauf, klarer Grenzen zu setzen, wenn unser Kind gegen eine Regel verstößt. Und du versprichst mir, die Kleine nicht mehr mit Liebesentzug zu bestrafen. Mir ist das Selbstwertgefühl unserer Tochter sehr wichtig und ich will nicht, dass sie darunter leiden muss."

Partner B: „In Ordnung. Mir ist eben wichtig, dass sie auch lernt, Frust auszuhalten, und wir nicht bei allem nachgeben. Auch das ist wichtig für ihre Entwicklung."

Partner A: Da bin ich bei dir. Sie lernt von uns beiden wichtige Werte kennen. Wir schaffen da schon einen gemeinsamen Weg."

5. KAPITEL – SPIELREGELN FÜR KONSTRUKTIVES STREITEN VOR DEN KINDERN

Erlaubt euch gegenseitig, Fehler zu machen, und lebt euren Kindern vor, wie Fehler wiedergutgemacht werden können.

Kinder dürfen lernen, dass Menschen Fehler machen. Viele Eltern haben Schwierigkeiten, vor ihrem Partner oder ihren Kindern einen Fehler einzugestehen. Sie haben Angst davor, deswegen weniger geliebt oder akzeptiert zu werden. Wenn Eltern vor ihrem Partner und vor ihren Kindern eingestehen, dass sie Schwächen haben und Fehler machen, ist das sehr wertvoll für die Beziehungen in der Familie.

Kinder lernen darüber, anderen Menschen zu verzeihen und selbst ihre Fehler wiedergutzumachen.

Kinder dürfen deshalb am Beispiel ihrer Eltern sehen, dass Fehler auch wieder gut gemacht werden können. Wenn ein Elternteil sich im Ton vergriffen hat, lohnt es sich danach mit den Kindern darüber zu sprechen.

Beispiel: „Ich war wütend und bin deshalb viel zu laut geworden. Das war nicht in Ordnung von mir und beim nächsten Mal versuche ich, ruhig zu bleiben und zu sagen, was ich von Euch brauche. Ich bedauere, wenn du deswegen traurig bist. Du hast dich bestimmt total erschrocken."

Verlasse im Streit mit deinem Partner, wenn möglich, nicht das Zuhause

Wenn Kinder erleben, dass ein Elternteil im Streit weggeht, kann das traumatisierend auf Kinder wirken und dafür sorgen, dass Kinder große Verlustängste entwickeln. Das passiert auch dann, wenn ein Elternteil sich emotional zurückzieht und nach Streitigkeiten beispielsweise unterkühlt, resigniert, ignorant oder schweigsam reagiert. Diese Verhaltensweisen empfinden Kinder als Liebesentzug, der dem Selbstwertgefühl in hohem Maße schadet. Kinder sollten in ihren Familien erfahren dürfen, dass Eltern sich nach Konflikten schnell wieder verzeihen und sich weiterhin lieben.

Streit wird sonst immer mit der Gefahr verbunden sein, dass geliebte Personen weggehen könnten. Diese Verlustängste führen dann in späteren Beziehungen nicht selten dazu, dass eigene Bedürfnisse komplett zurückgestellt werden, um Streit zu vermeiden.

Vermeidet Machtkämpfe

Kinder brauchen Eltern, die sich auf Augenhöhe begegnen. Wenn Eltern untereinander Machtkämpfe austragen, entstehen bei Kindern negative Gefühle.

Diese werden dann am einfachsten in Form von Aggression und Feindseligkeiten am Geschwister ausgetragen. Geschwister sind am leichtesten erreichbar und verwundbar, was ihnen ein Gefühl von Macht und Genugtuung verschafft. Im schlimmsten Fall kann das bereits in frühen Jahren zu einer unnatürlichen Rivalität in Geschwisterbeziehungen führen.

Weitere Tipps für konstruktives Streiten:

- Sprich in normaler Lautstärke.

- Formuliere „Ich-Botschaften" in Verbindung mit Gefühlen und Bedürfnissen.

- Unterbrecht das Streitgespräch vor den Kindern, wenn ihr zu emotional werdet. („Bitte lass uns nachher weitersprechen, wenn wir uns beide etwas beruhigt haben.")

- Besprecht Konflikte, die verunsichern könnten (Trennung, Schwiegereltern etc.), nicht vor den Kindern, um keine Verlustängste auszulösen.

- Verlange niemals von deinen Kindern, Partei zu ergreifen.

- Sprich davon, was du dir genau wünschst und was dir gerade fehlt. („Ich bin gerade total überfordert und unter Zeitdruck. Ich brauchte wirklich dringend deine Hilfe mit der Wäsche!")

- Äußere eine Beobachtung, **statt** eine Moralpredigt zu halten. („Deine Socken liegen vor dem Wäschekorb. Ich bin genervt, weil mir Ordnung wichtig ist. Würdest du sie bitte beim nächsten Mal direkt reinwerfen?")

- Frage zuerst nach, **statt** eine Schuldzuweisung auszusprechen. („Wir hatten 15 Uhr vereinbart. Jetzt ist es 15.30 Uhr. Was war denn los?")

- Erkläre deinen Kindern nach einem Streit, dass sie daran keine Schuld haben.

6. KAPITEL – ELTERN SEIN UND PAAR BLEI-BEN – ANREGUNGEN UND ÜBUNGEN

Die Partnerschaft kommt oft einfach zu kurz. Kennst du das? Der Alltagsstress und die riesige Verantwortung, die du für deine Kinder hast, führen dazu, dass Eltern sich nur noch im „Überlebensmodus" befinden und den Blick füreinander verlieren.

Dazu kommt der gesellschaftliche Druck von außen und der Druck, den du dir vielleicht selbst machst: Du sollst perfekt aussehen, zum Geburtstag deiner Kinder die kreativsten Muffins backen, deine Kinder in der Schule und beim Lernen unterstützen, die Wohnung in Schuss halten, deine Kinder zu ihren Hobbys fahren, zum Sport gehen, deine Freundschaften pflegen, damit du nicht allein dastehst, Bekannten und Familienmitgliedern gerecht werden, damit diese nicht enttäuscht sind. Ach ja, da war vielleicht ja auch noch dein Job, den du nebenher noch meisterst?

Die Beziehung, die darunter häufig am meisten leidet, ist die Paarbeziehung. Hier hat man unterbewusst das Gefühl, dass das auch irgendwie so weiterläuft, auch wenn man mal lockerlässt, auch wenn man mal nichts dafür tut, auch wenn man mal lieber schläft als Sex zu haben.

Gerade die Paarbeziehung braucht allerdings besondere Pflege, um dauerhaft gesund zu bleiben. Folgende Anregungen und Übungen können dir helfen:

Aktives Zuhören

Im stressigen Alltag fällt es manchmal schwer, dem Partner im Gespräch achtsam zuzuhören. Entweder reden Kinder dazwischen oder beide Partner sind zu müde, um sich zu unterhalten. Ehrliches Interesse ist allerdings eine Form von Zuneigung, die in jeder Beziehung wichtig ist. Eltern leben durch einen achtsamen und interessierten Umgang im Gespräch vor, dass das Gegenüber wertvoll ist. Das überträgt sich auch auf die Gespräche und die Beziehungen in eurer Familie.

Höre deinem Partner deshalb aufmerksam und aktiv zu, ohne ihn zu unterbrechen und zeige ehrliches Interesse. Stelle interessierte Fragen und zeige Verständnis für die Gefühle deines Partners.

Zu Beginn einer Paarbeziehung sind wir sehr interessiert und wollen alles über unseren Partner wissen. Darüber kennen wir auch am Anfang der Partnerschaft die Bedürfnisse und Wünsche unseres Partners viel besser.

Da sich dein Partner über die Jahre verändert ist es wichtig, immer wieder interessierte Fragen zu stellen und offen über aktuelle Themen zu sprechen. Eine ganz spannende Übung kann es sein, mit dem Partner darüber zu reden, wie er sich zurzeit seine Bedürfnisse erfüllt. Häufig haben Paare nämlich ganz ähnliche Bedürfnisse und nur völlig andere Strategien, sich diese zu erfüllen, was wiederum zu Missverständnissen und Streit führen kann.

Übung:

Sprecht darüber, was du tust und was dein Partner tut, um sich folgende Bedürfnisse zu befriedigen. Erklärt euch innerlich dazu bereit, eure gegenseitigen Strategien zu unterstützen.

Hier ein Beispiel einer Tabelle, die dabei hilft, eure Bedürfnisse und Strategien einmal aufzuschreiben. Eine visuelle, schriftliche Darstellung lässt oft besser erkennen, was der Einzelne braucht. **Zeichnet euch diese Tabelle einfach auf ein Blatt Papier und legt los.**

Bedürfnis	Meine Strategien	Strategien meines Partners
Ruhe		
Entspannung		
Austausch		
Freiheit		
Selbstbestimmung		
Freie Zeit		
Unterstützung		

Auch folgende Fragen können dir dabei helfen, deinen Part Partner immer wieder neu kennenzulernen:

Fragen zu deinem Partner

- Beruf: Was liebt dein Partner an seinem Beruf, was mag er gar nicht?
- Welche Hobbys erfüllen deinen Partner?
- Welchen Humor hat dein Partner? Worüber kann er lachen?
- Was isst oder trinkt er zurzeit besonders gern?
- Welche Musik mag dein Partner und welche Filme liebt er?
- Welche Zukunftsträume und Hoffnungen hat dein Partner?
- Welche Charaktermerkmale liebt er an anderen?

Fragen zu eurer Beziehung

- Was liebt dein Partner an dir?
- Was stört deinen Partner an dir?
- Welche gemeinsamen Leidenschaften genießt dein Partner mit dir?
- Was hilft immer, um deinen Partner zu besänftigen?
- Wie hast du deinen Partner schon stark verletzt?

Wertschätzung und gegenseitiger Respekt

Viele Paare konzentrieren sich nach anfänglicher Verliebtheit leider viel zu schnell auf die Schwächen und Macken des Partners. Eine völlig natürliche Entwicklung ist dann, dass die Gefühle von Liebe und Zuneigung weniger werden. Es ist deshalb ganz wichtig, dir regelmäßig vor Augen zu führen, was dein Partner alles mitbringt, anstatt dauernd an ihm herumzunörgeln. Sprich deshalb ganz bewusst regelmäßig Wertschätzung aus und zeige deinem Partner, welche Gefühle sein Verhalten bei dir auslöst.

Beispiele für Wertschätzung:

- Danke, dass du mich unterstützt hast. Jetzt bin ich ganz erleichtert.

- Danke für das leckere Abendessen. Ich liebe es, wenn du so fürsorglich bist.

- Ich bin so begeistert, wie schnell du die Wohnung aufgeräumt hast.

- Ich bin richtig beeindruckt, wie du das mit der Arbeit und den Kindern gleichzeitig schaffst.

- Ich freue mich am Abend immer so auf dich. Es ist so schön, alles mit dir teilen zu können.

- Ich bin so erleichtert, dass du dieses Wochenende so viel mit den Kindern raus gegangen bist. Dadurch fühlt sich alles halb so schwer an.

Ganz bedeutend ist es, dass dein Partner sich von dir akzeptiert und angenommen fühlt. Versucht als Paar deshalb ganz bewusst, auf einen respektvollen Umgang auf Augenhöhe zu achten. Respekt braucht der Partner auch dafür, was er für die Familie leistet, auch wenn sich die Art und Weise der Leistung vielleicht stark von deiner unterscheidet.

Folgende Übung kann euch dabei helfen, wieder näher zueinander zu finden und euch gegenseitig Wertschätzung aussprechen.

Beide Partner können diese Übung durchführen. Danach ist es hilfreich, dem Partner seine ausgefüllte Liste zu zeigen und eine gemeinsame Vereinbarung zu treffen.

Auch hier im Folgenden eine weitere Beispiel-Tabelle, die euch dabei hilft, Wertschätzung und gegenseitigen Respekt deutlicher ins Bewusstsein zu holen. **Zeichnet euch diese Tabelle einfach auf ein Blatt Papier und legt los.**

Durch welches Verhalten hast du dich in der Vergangenheit von deinem Partner angenommen und geliebt gefühlt?

Notiere, was dein Partner heute tut, damit du dich in eurer Partnerschaft wohl fühlst:

Welche Charaktereigenschaften liebst du an deinem Partner?

Welche Wünsche hast du an deinen Partner für die Zukunft? Bei welchen unerfüllten Bedürfnissen brauchst du seine Unterstützung? Was fehlt dir?

Lies dir die Liste deines Partners durch und vereinbart gemeinsam, was ihr euch für die Zukunft vornehmt.

Zusammengehörigkeitsgefühl stärken

Kinder sind ein wichtiges Bindeglied in der Paarbeziehung. Wichtig ist allerdings, dass Eltern sich immer wieder bewusst machen, was sie über die Elternschaft hinaus miteinander verbindet.

Ergänze folgende Liste und schaffe darüber wieder mehr Bewusstsein, was euch zusammenhält. **Zeichnet euch diese Tabelle einfach auf ein Blatt Papier und legt los.**

ÜBUNG: Gemeinsamkeiten bewusst machen

Was wir beide genießen:	Wir erholen uns beide, wenn:
Unsere gemeinsamen Werte:	Wir interessieren uns beide für:
Wir lachen gemeinsam, wenn:	Stolz sind wir gemeinsam auf:
Freunde mögen an uns als Paar:	Wir mögen beide gar nicht, wenn:

Täglicher Austausch

Nicht selten sind Paare am Abend so erschöpft, dass sie kaum mehr ein Wort miteinander wechseln. Zumindest ca. 15 Minuten täglich intensiven Austausch darüber, wie es dir und deinem Partner geht, kann deshalb eine hilfreiche Faustregel für euch werden, um den Kontakt zueinander nicht zu verlieren.

Sprecht darüber, was euch am Tag geärgert hat und was schön war. Tauscht euch darüber aus, worauf ihr stolz seid und was ihr gemeinsam feiern könnt. Diese geistige Nähe hält eure Verbindung aufrecht und hilft euch, Missverständnisse zu vermeiden. Eine präsente und aufmerksame Haltung deinem Partner gegenüber gerät vor allem dann in den Hintergrund, wenn beide Elternteile sehr erschöpft sind.

7. KAPITEL – SEXUALITÄT

Was deinen Partner von anderen guten Freunden des anderen Geschlechts unterscheidet, ist, dass ihr euch dazu entschieden habt sexuelle Intimität miteinander zu teilen – in vielen Fällen sogar exklusiv. Vielleicht war die sexuelle Anziehung bei euch sogar ein entscheidender Grund, warum ihr euch für eine ernsthafte Beziehung zueinander entschieden habt. Zusätzlich ist eure Sexualität der Grund für eure Kinder.

Ein so wesentlicher Bestandteil der Beziehung darf also nicht plötzlich keine Rolle mehr spielen, wenn dir deine Partnerschaft wichtig ist. Macht euch das als Paar unbedingt bewusst und schaut genau hin.

Selbstverständlich gibt es Phasen, in denen die Sexualität in eurer Beziehung zu kurz kommt. Das Lustbedürfnis ist z.B. ganz häufig bei Mamas nach der Geburt eines Kindes nicht mehr groß. Durch körperliche Veränderungen und einen sehr engen körperlichen Kontakt zu den Kindern im Alltag berichten viele Mütter davon, dass sie froh sind ihren Körper abends für sich haben. Diese Phasen sind nicht beziehungsgefährdend, sofern offen darüber gesprochen wird. Sollte eine Phase jedoch der Beginn einer längerfristigen Durststrecke sein, gilt es jedoch unbedingt individuelle Wege zurück zu einer erfüllten Sexualität zu finden. Hierzu ist es zunächst von Bedeutung, sich gegenseitig zu verstehen. In der Natur des Mannes liegt es nämlich, dass Sexualität das Bedürfnis nach Liebe, Zuwendung und Anerkennung befriedigt. Männer, die sich von ihren Frauen nicht mehr begehrt sehen, fühlen sich deshalb nicht selten abgelehnt und wertlos und äußern dies in schlechter Laune oder anderen Verhaltensweisen.

Auch hier sind die Bedürfnisse beider Partner wieder gleichwertig und es ist deshalb wichtig, darüber zu sprechen, was jeder braucht, um sich auf regelmäßigen Sex einlassen zu können.

Warum ist Sexualität so wichtig?

- Sex führt dazu, dass ihr euch als Paar ganz besondere Aufmerksamkeit schenkt und euch achtsam wahrnehmt.

- Durch Sexualität kommt ihr auf andere Gedanken, vergesst den stressigen Alltag mit den Kindern und seht nur euch beide.

- Besondere Momente und auch innige Gespräche entstehen durch die gemeinsame und intime Zeit viel eher.

- Das Körpergefühl und Körperbewusstsein werden gesteigert, was enorm wichtig für das psychisches Wohlbefinden ist.

- Bindungshormone sowie Glückshormone, die durch Sexualität ausgeschüttet werden, stärken eure Beziehung und Nähe zueinander.

Anregungen, um Sexualität im Alltag aufrecht zu erhalten

- **Freiräume:** Lasst euch gegenseitig viele Freiräume und unternehmt immer wieder Dinge ohne den Partner. Distanz erzeugt Sehnsucht und gleichzeitig die Lust aufeinander.

- **Sport:** Bewegung und Sport führen zu einem besseren Körpergefühl und steigern darüber gleichzeitig häufig die Lust auf Sex.

- **Verabredungen:** Verabredet euch zu festen Terminen, in denen ihr euch Zeit zu zweit nehmt. Auch wenn ihr nur nebeneinander im Bett liegt und redet, ist die Wahrscheinlichkeit viel höher, dass ihr Lust aufeinander bekommt, als wenn ihr gemeinsam vor einer Serie sitzt.

- **Zeit zu zweit:** Kinder tragen so viel Verbundenheit in eine Beziehung. Gleichzeitig sind sie auch häufig mit ein Grund, warum die Intimität leidet. Schafft euch also unbedingt Freiräume, sobald eure Kinder bei einem Babysitter bleiben können.

- **Blickkontakt:** Sucht auch im Alltag immer wieder liebevollen Blickkontakt oder Momente in denen ihr euch bewusst liebevoll anschaut.

- **Humor:** Neckt euch gegenseitig und versucht bewusst, Leichtigkeit und Humor in eurer Beziehung zu erhalten.

- **Körperkontakt:** Körperkontakt im Alltag führt zur Ausschüttung des Bindungshormons Oxytocin, das für die Bindung in der Beziehung und auch für die Sexualität sehr förderlich ist.

- **Rituale:** Findet kleine Rituale im Alltag, die euch verbinden und für Nähe sorgen.

  ✓ Lange Umarmungen

  ✓ Begrüßungs- und Verabschiedungskuss

  ✓ Kleine gemeinsame Spaziergänge

  ✓ Einen festen Paarabend im Monat oder Ähnliches

  ✓ Fahrt unbedingt alle unnötigen Aktivtäten in eurer Familie runter. Freizeitstress und zu viele Termine schaden nicht nur euren Kindern, sondern auch der Lust und Energie, die ihr für Intimität aufwenden könnt.

Zusammenfassung

Die Paarbeziehung ist einerseits eine große Herausforderung und gleichzeitig eine große Chance, immer näher zu sich selbst zu finden. Niemand spiegelt dir deine eigenen Gefühle und unerfüllten Bedürfnisse so klar, wie dein Partner bzw. deine Partnerin und deine Kinder. Die Liebesbeziehung unter Paaren kann somit auch als Geschenk und Training für persönliche Weiterentwicklung angesehen werden und eine wertvolle Ressource für dich selbst und deine Familie sein.

Es lohnt sich, diese Ressource auszuschöpfen und über eure Paarbeziehung Vertrauen, Liebe und Verbundenheit in die Familie zu tragen – für dich, für euch und für eure Kinder.

Zusammenfassung – Anleitung für eine glückliche Paarbeziehung:

- Zufriedene Paare sprechen offen über ihre Gefühle und Bedürfnisse und respektieren Gefühle und Bedürfnisse als gleichberechtigt.

- Konstruktives Streiten gehört dazu, sobald Paare eine Beziehung auf Augenhöhe führen und klar für sich einstehen. Wo viel Nähe und Wärme ist, entsteht Reibung und Nähe!

- Glückliche Paare finden durch gegenseitige Empathie schnell Kompromisse und Lösungen, mit denen sich beide Partner wohl fühlen.

- Es ist wichtig, sich nach einem Streit schnell wieder zu verzeihen und dem Partner nicht längere Zeit die kalte Schulter zu zeigen. Das ist eine Form von Liebesentzug, die jeder Beziehung schadet.

- In gesunden Paarbeziehungen sind beide Partner in der Lage, den anderen so anzunehmen, wie er ist. Sie lernen, sich mit „Schwächen" des Partners zu arrangieren, und verzichten auf ständige Kritik.

- Gegenseitige Wertschätzung, Respekt und Interesse haben bei zufriedenen Paaren einen hohen Stellenwert.

- Die Zeit mit sich alleine und mit Freunden ohne den Partner, hat häufig einen großen Stellenwert in zufriedenen Paarbeziehungen.

- Gemeinsame Aktivitäten und Leidenschaften stärken das Zusammengehörigkeitsgefühl für eine zufriedene Paarbeziehung.

- Glückliche Paare nehmen die Aufrechterhaltung von Sexualität ernst.

„Ein offener Austausch über die Herausforderungen und Möglichkeiten von Partnerschaft in Verbindung mit Elternschaft ist in unserer Gesellschaft sehr erstrebenswert und sicher auch entlastend für viele Eltern. Schließlich ist es manchmal einfach schon beruhigend zu erkennen, dass wir mit unseren Alltagskonflikten nicht alleine sind."

Ich wünsche euch viel Freude und Tatendrang dabei, eure Paarbeziehung zu pflegen.

Eure Martina von Elternleben

Wir empfehlen weitere HANDBÜCHER von ElternLeben.de zu den Themen:

LIEBEVOLL GRENZEN SETZEN / LIEBE UND RIVALITÄT UNTER GESCHWISTERN / DEIN ALLTAG MIT KLEIN-KIND / KITA-START / EINSCHULUNG

LIEBEVOLL GRENZEN SETZEN

Für Eltern von Kindern zwischen 1 und 5 Jahren

Ich will aber! Brauchen Kinder Grenzen? Im Alltag sind Eltern oft hin- und hergerissen zwischen den Meinungen der Erziehungs-ratgeber, die unterschiedliche Ansätze vertreten. Zwischen diesen beiden Extremen: „Lass dein Kind doch machen, lass es sich frei entfalten" und „Kinder brauchen klare Strukturen und Strafe muss sein", gilt es als Eltern einen gangbaren, gesunden Weg zu finden. Dieses Handbuch bietet Orientierung und gibt Eltern praktische Tipps und Impulse.

Erhältlich bei www.tredition.de / www.elternleben.de oder im Handel / ISBN 978-3-347-01500-5 / Seiten: 52

LIEBE UND RIVALITÄT UNTER GESCHWISTERN

Was Eltern tun können, um die Geschwisterbeziehung zu stärken

Geschwister leben mit gemeinsamen familiären Werten, Erfahrungen und Traditionen. Die Geschwisterbeziehung ist die längste zwischenmenschliche Bindung im Lebenslauf eines Menschen. Was tun, wenn Geschwister ständig streiten? Was ist der Unterschied zwischen natürlicher und unnatürlicher Rivalität? Lieblingskind oder schwarzes Schaf?

Erhältlich bei www.tredition.de / www.elternleben.de oder im Handel ISBN 978-3-347-02385-7 / Seiten: 88

SPIELEN, LERNEN, WACHSEN
Dein Alltag mit Kleinkind

Durch das rasante Wachstum unserer Kleinkinder wird der Alltag in der Familie immer wieder verändert. Dies ist für viele Eltern eine Herausforderung: Wie gelingt es, das Chaos im Kinderzimmer zu bändigen? Warum beginnt jeder Morgen so stressig? Und die zentrale Frage: Was kann ich konkret tun, um mein Kind gut zu begleiten und dabei selbst nicht auf der Strecke zu bleiben?

Erhältlich bei www.tredtion.de /
www.elternleben.de oder im Handel ISBN 978-3-7497-7494-4
Seiten: 104

MEIN KIND KOMMT IN DIE KITA
Für einen guten Kita-Start

Euer Kind soll in einer Krippe oder in einem Kindergarten betreut werden? Mit dieser Entscheidung beginnt ein neuer Familienabschnitt. Mütter und Väter haben viele Fragen zu diesem neuen Lebensabschnitt: Wie finde ich die passende Kita? Wie funktioniert die Eingewöhnung? Für welches pädagogische Konzept soll ich mich entscheiden? Was braucht mein Kind in der Kita? Der Eintritt in die Kita-Zeit soll Eltern und Kindern gut gelingen.

Erhältlich bei www.tredition.de / www.elternleben.de oder im Handel
ISBN 978-3-7497-3535-8 / Seiten: 76

EINSCHULUNG

Das Einschul-ABC für einen guten Schulstart

Das **Einschul-ABC** gibt dir einen Einblick in Schulthemen von **A – Z**. Einige Kapitel sind kurz und knackig und andere etwas ausführlicher. So erfährst du z.B. unter **N – wie Noten**, ob es Noten geben sollte oder nicht, wie Kinder zu Noten stehen oder was Noten eigentlich aussagen. **Unter U – wie Unterricht** wird erklärt, wie dieser generell gestaltet wird und welche Umstellung vom Kitaalltag dies für dein Kind ist. Dieser nützliche und praktische Wegweiser bietet dir viele Anregungen.

Erhältlich bei www.tredition.de / www.elternleben.de oder im Handel / ISBN 978-3-7497-3892-2 / Seiten: 68

Neue Handbücher erscheinen demnächst im Programm von ElternLeben.de zu den Themen:

- ERNÄHRUNG FÜR BABYS IM 1. LEBENSJAHR

- ELTERNMITARBEIT IN DER KITA

Zeitfracht Medien GmbH
Ferdinand-Jühlke-Straße 7
99095 Erfurt, Deutschland
produktsicherheit@kolibri360.de